徐道鄰著

唐律通論

中華書局印行

唐律通論

目錄

唐律通論

蕭縣徐道鄰學

一　讀唐律有四益說

唐律疏義[註一]一書，世人但知其為一中國古代刑法典，視之如宋刑統元典章然，能以之與明清律等觀者已希矣。而余則有意上書政府，定唐律為大學生必讀之書，尤願當世之士，能人人皆一取而讀之，其理有四：

一、我國積弱者近百年，其原因固在於科學不發達，而尤病於政治太落後。而人民之政治程度如何，則又全視其守法精神為斷。我國之漢唐，普魯士之建國，日本之明治維新，方其國勢發揚

註一：《唐律疏議》原名律疏；又名唐律、唐律疏義、故唐律疏義、是東亞最早的成文法之唐朝刑律及其疏注的合編，亦為中國現存最古、最完整的封建刑事法典，共三十卷。

之頃，蓋無不有全國上下守法精神之基礎。我國人民法治觀念薄弱，已不只百年，如不能於今即有所更張，即據有全世界最多最新之武器及機械，軍旅不能堅精，工業不能發達，而富強無從而致也。而現代之法律學，淵源於羅馬法系者也。重權力，偏箇人，務形式，其對於社會之影響，大可懷疑，西洋近代論法律哲學者，已久並之矣。唐律本於禮教，合乎道德，以社會為本位，以義務為原則，合乎輓近所謂公法觀念者也。故讀唐律可以培養合乎現代理想之法律觀念，此其一。參下第六章

二、不平等條約之成立，中國司法制度，實為列強口實。一九〇二年中英續訂通商條約：「中國深欲整頓本國律例，以期與各國律例改同一律。……一俟中國律例情形……皆臻妥善，英國即允棄其治外法權。」浸淫漸久，國人亦

遂自以為中國法典無系統，思想太頑固，刑罰慘酷，法官顢頇，殆皆將盡棄其所學矣。今之刑曹俊彥，法學師儒，侈談羅馬法、德國法、瑞士法、英美法，如數家珍，而了然於官當之制，減贖之法，容隱之屬，科比之用者，有幾人乎？不知中國歷代立法，無不以唐律為宗。而唐律者：十二律隱括三典，其系統精嚴，無異優帝法典。其說難問答，論斷深刻，不遜羅馬諸賢。參下第十四章第一目 而笞杖不過二百，非有站籠夾棍之刑，流不過三十里，無充軍煙瘴之制。役不過四年，無終身獄禁之說。死刑不出絞斬，不聞凌遲磔屍。緣坐限於父子，不聞族誅孥戮，此外朝廷歲取明法之士，州府員定法曹之官。徒囚蓋皆經覆審，大獄每取議三司。參下第十四章第二目及第十章 其制度之謹嚴精慎，實不遜近代最新學說。國人一般對中國法律之誤解，一讀唐律，當可恍然大悟。此其二。輕刑慎殺一節，唐律大勝明律。此亦余所以取唐而棄明也。

三、我國現行法制，多接受外國法，而於中國法源，未甚措意。以故實施有年，終未能盡適國情。如債權法不及「會」，物權法不言「老佃」及「先買」。商法不言「鋪底」。且土地登記未行，物權法之規定皆虛設，戶籍登記未廣，行為能力何從稽考？法院不遍設，宣告禁治產，皆屬具文。江翊雲語，見楊鴻烈中國法律發達史，頁一千五十七。故求我國法治發達，其現有法典，或尚須有待調整。一國之法律成就，絕不能由外鑠而來，亦非可一蹴而就，各國之法制史，皆不鮮明例。且我國幅員之廣，宗教之眾，習慣之殊，宗教之別，啟以一外國成法所能籠括？而唐律者，為制於中國者，千年有餘，影響所及者，遍及東亞諸國，不僅達於邊隅遼遠已也。參下第二章及第四章　我國苟欲從事改良法典，必先於唐律，努力研究。此其三。

四、我國過去學風，皆重詞章而忽經濟，而欲習經濟之學，必從典章制度入手。中國之典制，唐稱尚矣，然兩書諸志、六典、會要及三通者，卷帙浩繁，從何入手？唐律者，諸法令格式之總匯精選也。「有違於令及格式者，皆斷於律。」見新唐書刑法志。　故言征人即及府兵之制，言漏口即知戶籍之法，因貢舉而明乎考銓之制，以博戲而知其習射之風。讀此一書，唐代一切政治經濟文化社會情形，歷代在目，絕非一外國古代刑法典所可比擬也。此其四。

依上所述，讀唐律，一舉可得四益。然讀古書者，貴會通其精神，而不拘泥乎文字。探求其思想，而不偏囿於制度。此則存乎其人矣。

二 唐律之與中國法制史

唐律在全部中國法制中，據最高之地位。實以其上集秦漢魏晉之大成，下立宋元明清之軌範。故歷朝法典，無與倫比。茲分言之如下：

一、承先之唐律　中國自有史以來，論法之著者，首推李悝法經。其後漢有蕭何九章之律。魏晉北齊，皆號明法。而此千餘年來知法律思想制度，皆自唐而得一總匯。觀唐律各律之疏，對秦漢魏晉間各篇之增損因革，既敘述纂詳，而律內各律之因襲於前代者，亦多可借他書考證。名例律之篇首疏不云乎？「遠則皇王妙旨，近則蕭賈遺文，沿波討原，自枝窮葉。」自序尤明。則秦漢魏晉之律雖無存，實已假唐律而存矣。唐律之承用漢律者，沈家本有漢律摭遺二十二卷，考證甚詳。承用其他前代律者，尚待考證。

二、啟後之唐律

唐律字永徽疏成後，遂為歷代制律之準繩，其脈傳之迹，較其所以集前代之大成者尤顯。蓋五代六十年，率皆沿用唐律：後梁之大梁新定律令格式，後周之同光刑律統類，其律皆仍唐之舊，後周之刑統，亦止「申畫一規」別無創作，後晉後漢尤無論。宋初沿用後周刑統，見之史冊。建隆四年，重定刑統，全部實為唐律。後雖以勑代律，而律實未見更改。故終宋之世，其律未嘗離唐律範圍。元初循用金律，而金律者多承於遼，遼律即唐律也。其後頒至元新格式，為目二十，其面目始稍變，而猶同於唐者九。其異者十一，大體在命名分章，至八議十惡官當之制，皆仍唐也。明律尤直承唐律。李善長等議律，謂「今制宜遵唐舊」見明志。蓋太祖尤傾心唐律，洪武元年，命儒臣四人，同刑官講唐律，日進二十條也。明律初以六部為依歸，明例居後；繼又援用唐篇目。而最後修訂，洪武二十二年 仍以六部為綱，而以舊律各目，分屬其下。其內容十之七八，無改唐律。清律屢經修校，其篇目一同明律，而損益尤微。故明清兩代之律，其形式固有異於唐，待詳考其實，則唐律之規模，蓋依然也。以上參陳顧遠中國法制史，頁三七—四 暨清末變法，民國制典，西洋法之影響遂著，然史地之環境不移，唐律之迹，終不至蕩然無存，詳見下章。耶士卡勒(Escara) 有言：「從唐律起，中國的法理專門學問，和法律的準則與解釋，方才開始發展。」又言：「中國司法制度的進化，起始於西曆六百五十年，至一千九百一十年，經過一千二百六十年，都進步的很緩慢，並祇有輕微的改訂而已。」見楊鴻烈中國法律發達史頁三四三 持論雖非盡當，然其於唐律之所以啟後開來，所見固甚明也。

綜上所述，唐律在中國法制史上之價值，灼然甚明。蓋研究中國法者，苟非專攻某一代以為長者，如不能盡取歷代法典而詳讀之，惟有讀唐律，可以知歷代法制之常之正，而他律可略。不知唐律，但習明律清律，則僅見其變其偏而已。劉孚京沈刻唐律義疏敘：「蓋自余釋褐，備官刑部，尋繹律意，四十年於茲。至於義有所不瞭，文有所不明，考之群書，遍及故牘，猶未曉徹。及求諸唐律，而後因革之迹，變通之意，昭昭明矣。大抵明以來所變革，雖因世為輕重，要其經常，一當以唐律為正。」不知其淵源本末，未識其刑罰之中，尚無論焉。關於歷代制法經過及法典內容，參閱程樹德、朱方、陳顧遠各家之中國法制史，楊鴻烈之中國法律發達史及黃秉心中之中國刑法史。

三 唐律之與現代法

唐律之為後世法律準繩，迄於明清，略見上述。及清末鼎革之際，如宣統元年頒行之大清現行刑律，民國元年頒行之暫行新刑律，仍多取法唐律。淵源所自，亦理之常。然即國民政府統治下現行法律，在編製時未嘗不銳意規摹西洋成法，然在刑法中，固未能全脫唐律範圍。即在民法中，與唐律不謀而同之處，亦正不少。玆試就兩法中略舉數例如左：

甲、民法部份 依民國十八年十九公佈民法。

一、期間　民法地一百二十條：以日定期間者，其始不算入，此唐律所謂稱日者以百刻也。名例五十五稱日者以百刻條。第一百二十三條：每年為三百六十五日，乃唐律「稱年者以三百六十日」仝上條。之異詞。

二、定婚自由　民法地九百七十三條：男未滿十七歲，女未滿十五歲者，不得訂定婚約。唐律：「嫁娶違律……。男年十八以下，及在室之女。主婚獨坐……」戶婚四十六嫁娶違律條。亦以幼年人訂婚之權，付其尊親屬也。

三、離婚　民法第一千零四十九條：夫婦兩願離婚者，得自由離婚。唐律：「夫妻不相安諧，而和離者不坐。」戶婚四十一。義絕離之條。

四、七出　民法第一千零五十二條：夫妻得請求離婚……，二、與人通姦者。……四、七對於夫之直系尊親屬為虐待，……致不堪為共同生活者。……七、有不治之惡疾者。即唐律七出中二淫佚，三不事舅姑七惡疾之遺意也。戶婚四十。妻無七出條。

五、父權　民法第一千零八十五條：父母得於必要範圍內懲戒其子女。唐律：「違犯教令，依法決罰，邂逅致死者無罪」鬥訟二十，毆詈祖父母條疏：「依法決罰」，即當時必要之「範圍」也。

六、扶養　民法第一千一百一十四條：直系血親相互間，互負扶養之義務。唐律：「子孫供養有闕者徒二年。」鬥訟四十七子孫違犯教令條。即此條之所本也。

七、家長　民法第一千一百二十三條：家置家長。唐律：

凡是同居之內，必有尊長。戶婚十三卑幼私輒用財疏 即家長之義。故脫戶漏口，皆「家長」作其罪也。戶婚一、脫戶條。

乙、刑法部份 依民國二十四年一月公佈刑法。

一、論刑從輕　刑法第二條：行為後法律有變更者，適用裁判時之法律。但裁判前之法律，有利於行為人者，適用最有利於行為人之法律。唐律：有官犯罪，無官事發，有蔭犯罪，無蔭事發，無蔭犯罪，有蔭事發，並從官蔭之法。名例十六無官犯罪條例。又：犯罪時未老疾，事發時老疾，依老疾論。……犯罪時幼小，事發時長大，依幼小論。名例三十一犯時未老疾條。並此條淵源所自也。

二、重傷　刑法第十條：稱重傷者謂左列傷害……云云。略同唐律：以佗物毆傷人內損吐血為「傷重」之義，鬥訟十八九品以上毆傷重條疏。惟加重耳。

三、過失　刑法第十四條：行為人雖非故意，但按其情節應注意，並能注意而不注意者為過失。唐律稱過失謂耳目所不及，思慮所不到，鬥訟三十八過失傷人條。頗足互相發明。

四、老殘廢疾　刑法第十九條：未滿十四歲人之行為不罰。十四歲以上未滿十八歲人之行為，得減輕其刑。滿八十歲人之行為，得減輕其刑。第十八條：心神喪失人之行為不罰。唐律：七十以上，十五以下及廢疾，犯流罪以下收贖。八十以上，十歲以下及篤疾，除反逆殺人，盜及傷人皆勿論。九十以上，七歲以下，雖死罪不加刑。名例三十。老小廢疾條。

五、從犯　刑法第三十條：幫助他人犯罪者為從犯。唐律：

共犯罪者以造意為首。隨從者減一等。名例四十二。共犯罪造意為首條。

六、沒官　刑法第三十八條：下列之物沒收之：一、違禁物，……三、因犯罪所得之物。唐律：彼此俱罪之贓，及犯禁之物沒官。名例三十二。彼此俱罪之贓條。

七、併合論罪　刑法第五十一條：數罪併罰，死刑及無期徒刑，執行其一。本唐律「二罪以上俱發，以重者論」之意也。名例四十五。二罪從重條。

八、法律競合　刑法第五十五條：一刑為而觸犯數罪名，或犯一罪，而其方法或結果之行為，犯他罪名者，從一重處斷，即唐律所謂「當條雖有罪名，所為重者自從重」也。名例四十九。本條別有制條。

九、連續犯　刑法第五十六條：連續數行為而犯同一之罪名者，以一罪論。但得加重其刑至二分之一。略同唐律「頻犯者累科倍論」之意。名例四十五。二罪從重條。

十、自首　刑法第六十二條：對於未發覺之罪自首而受裁判者，減輕其刑。唐律：犯罪未發而自首者原其罪。名例三十七。犯罪未發自首條。

十一、加不至死　刑法第六十五條：無期徒刑，不得加重。此本唐律「加不至死」之義。名例五十六。稱加者就重條。

十二、數滿乃坐　刑法第七十二條：因刑之加重減輕，而有不滿一日之時間，或不滿一元之額數者不算。此唐律所謂「加者數滿乃坐」也。仝上條。

以上僅就刑法總則編舉例，至分則編可與唐律比照條文，更僕難數，茲不備論。

就上所述，唐律在現行法典中，猶不失為軌範，灼然甚明。至實行法中，若大理院判例及解釋，最高法院及司法院法律解釋，其折衷於唐律者，更往往可見。唐律之徽音遐采，其猶有繼乎。

四 唐律之與東亞諸國

近世比較法學興，而中國法系在世界各種法系中之價值日顯。而中國法系之中心，固唐律也。故唐律在東方各國之影響，不可不述。茲分論之如左：

一、朝鮮

朝鮮法制，至高麗王建建國時（公元九一八）漸可詳考。而其一代之制，大抵仿唐，刑法尤採唐律。蓋即於此十二篇中，取其七十一條。雖簡易未足資治，而唐律之基礎於是定矣。至朝鮮建國（一三九二）李太祖採用大明律。明律遂為李朝四百餘年之大法。即至光武九年（一九〇五）修訂刑法大全，亦仍係參酌大明律而成。明律之於唐律，異其面目而存其精神，則雖皆名離於唐而實亦不能去於唐也。

二、日本 日本律令之最古最著者，當推近江（公元六六八）大寶（七〇一）及養老（七一八）律令。三者皆直接脫唐律，其後弘仁（八二〇）貞觀（八六九）延喜（九〇七）刪定格式，舉循唐舊。蓋自天智天皇（六六八）至醍醐天皇（九〇七）皆遵唐成制者矣。自幕府專政至明治維新，此數百年中，諸藩制法，皆以明律為本，如紀州藩國律，新發田藩在中御條目，熊本藩御刑法草書，弘前藩御刑法牒，名古屋藩御定書，其著者也。即至明治即位，其三年頒布新律綱領，六年之改定律例，亦仍無不以大明律為藍本。則此時日本之私淑唐律，正與李朝時之朝鮮同也。

三、琉球　琉球自尚穆時（一七八六），始有法典，厥名「科律」。內容全用清律。蓋律臣自稱「大清律四百三十六門之中，所採用之科律，凡一百三條」。日本大藏省所編之沖繩法制史謂科律不過為大清律之拔萃縮寫而已，殆不虛也。

四、安南　安南久屬中國版圖，後雖獨立，制法仍宗中朝。而黎民一朝典章（一四二八——一七七七）更復直紹有唐，其載諸「歷朝憲章類誌」者，皆可得而徵也。自阮氏建國（一七七八）乃逕以明清律為藍本。自一九〇九淪為法屬後，則並用法國律矣。以上所述，大體據楊鴻烈中國法律在東亞諸國之影響。

中國法在東亞各國之影響，既如上述。而唐律者，又為中國法之中心。則不獨以歷史方法治中國法者，必讀唐律，而以比較方法治中國法者，蓋尤必讀唐律也。

五　唐律之與羅馬法

習西洋法者而讀唐律，必盛感其與羅馬法相似者多端。一、唐律疏議成於永徽四年，即公元六百五十三年。羅馬法典(Corpus iuris civilis)　成於五百三十至三十三年，較早者一百二十年。此兩者成書時相去之未久也。二、唐律之製，奉詔於高宗，總成於長孫無忌。羅馬法典之作，受命於優帝(Justinian)，督修於脫黎波尼央(Tribonian)，兩朝學者，群預其盛。二者修製之跡相同也。三、唐律上集周秦魏晉之大成，下樹宋元明清之圭臬。羅馬法典上為王政共和及帝政三時代之總匯，下為注釋學派，書院學派，歷史學派及性法學派之先河，直至今日。則二者之承先啟後同矣。四、唐律不獨用於中華，其影響所逮，至於朝鮮日本安南琉球。羅馬法起源義大利半島，旁輸德法英美，漸及全球。兩者各成世界上一大「法系」，又相類也。五、唐律疏議既成，而典式大明，刑憲之司，不復執行殊異。羅馬法既具，而諸家學說之爭訟，漸有指歸。其統一之用，頗相類似。六、唐律、羅馬法，同為一代巨典。然唐律以其集諸家之成，訂律製疏，遂為歷代法典之規範。羅馬法典，固為一國之典章，然其精萃，乃在「學說彙纂」(Digesta)，因以啟後來法學之發揚。二者又有殊途同歸之致也。至於兩法內容，更不鮮類似之處。茲試舉數例明之。

一、崇官　名例律。八議，六曰議貴。謂職事官三品以上，散官二品以上及爵一品者，若犯死罪，皆先奏請議。流罪以下減一等。名例七，八議條。此個人以任某種職務而取得法律上特殊地位者也。羅馬法，家父對其子孫之家父權(Potestas familias)，本無例外，但其子為宮中顧問官、裁判官、知事、將軍者，即本法律之作用，脫離家父權參陳允，羅馬法，頁三〇七。與上皆同矣。

二、幼小　名例律。七歲以下，雖死罪不加刑。名例三十老小廢疾條。羅馬法亦以七歲以下男女為幼兒(infants)，而認為全無行為能力者也。陳書頁五十。

三、孳息　名例律。生產蕃息，皆同見贓。疏稱「生產蕃息，本據應產之類，而有蕃息。若是興生出舉，而得利潤，……既非孳生之物，不同蕃息之限。」名例三十三以贓入罪條。此與羅馬法所稱天然孳息及法定孳息 (fructus natural vel civile)，同一區別。陳書頁九六。

四、罰盜　名例律。盜者倍備。疏云「盜者貪財既重，故令倍備，謂盜一尺徵二尺之類」。名例三十三以贓入罪條。此羅馬法所謂 (buplum furti) 者，自十二表法至優帝法典，凡非當場被捕之盜皆以物價二倍之金額科罰之也。陳書頁二一七。

五、良賤　唐制民分良賤。凡反逆相坐，沒為官奴婢。一免為官戶，再免為雜戶，三免為良民。名例四十七官戶部曲條。私人所有，則為奴婢部曲。戶婚十一放部曲為良條。羅馬法亦分公共及私人奴隸(Servus)兩者，陳書頁五九。而奴隸之解放，更有第一級第二級及第三級之解放自由人(libertini)陳書頁七五。與唐制可參照也。

六、化外人　名例律。化外人同類自相犯者，各依本俗法。異類相犯者，以法律論。名例四十八化外人相犯條。依羅馬法，則凡非羅馬市民(Cives)即為外國人(Peregrinus)不適用市民法(ius civile)而適用萬民法(ius gentium)陳書頁三四及八一。是唐律之規定，不強迫同類化外人之適用異類人法律，其所以懷遠人者，較羅馬法之規模為弘遠矣。

七、定婚　依戶婚律之制，男女定婚有，有婚書，或聘財，悔者追其聘財。戶婚二十六許嫁女報婚書條。此與羅馬法所謂定婚時有贈物 (arrhae)，悔約者沒收贈物，其意同也。陳書頁二六二。

八、婚禁一　戶婚律。同姓為婚者。徙三年，並離之。戶婚三十三同姓為婚條。此與羅馬法血族 (Cognatio) 宗族 (Agnatio) 之婚姻限制同意。

九、婚禁二　戶婚律。監臨之官，不得娶所監臨女為妾。戶婚三十七監臨娶所監臨女條。羅馬法，則凡為地方官者，不得與生於其地或居住於其地之女子結婚也。陳書頁二六九。

十、婚禁三　戶婚律。奴婢雜戶官戶，不得與良人為婚。戶婚四十二雜戶不得娶良人條。羅馬法，自由人與解放自由人，亦不得通婚也。陳書頁二六九。

十一、離婚　戶婚律。夫妻不相和諧，可自和離。戶婚四十依義絕離之條。依羅馬法，當事人雙方意思合致，無論何時，皆可以協議離婚 (divortium) 也。陳書頁二八二。

十二、畜主　廄庫律。犬殺傷他人畜產者，犬主償其減價，廄庫時依犬傷殺處產條。狂犬不殺，以故殺傷人者，以過失論。同律十二畜產觝蹋齧人條。依羅馬法則畜類反其本性，突然加害於他人者，則有 (action Pauperie) 之訴也。陳書頁○○。

十三、夜盜　賊盜律。夜無故入人家，主人登時殺者勿論，賊盜二十二夜無故入人家條。依羅馬法十二表法，夜間竊盜，殺者意無罪也。陳書頁二一七。

十四、父權　鬥訟律。祖父母父母故殺子孫者，徙二年半。

鬥訟二十八毆詈祖父母父母條。羅馬之家父，對其子固有生殺之權，然濫殺其子者，仍不得免重罰。陳書頁二九六。

十五、水利　雜律。占固山野陂湖之利者，杖六十。雜律十七占山林陂湖利條。此即羅馬法公用河川之義也。陳書頁九一。

十六、宿藏物　雜律。於他人地內，得宿藏物。合與地主中分。雜律五十九得宿藏物條。此與羅馬法關於埋藏物(thesaurus)之規定無異。陳書頁一〇九。

以上諸例，指信手拈出，示其一端而已。若詳加研討，可增益至無量數。此就其同者言之也。世之有志者，若以唐律及羅馬法典，詳作比較，察其異同，論其得失，以成專書，必大有可觀。若就其不同者言之，則唐律以禮教為中心，羅馬法以權利為中心，此東西兩大法系根本觀念之分歧。其詳當另論之。

六　禮教中心論

吾人於今日讀唐律，其最使吾人值思者，即其以禮教為中心之法律觀是也。夫以禮教為法律中心者，儒家之說也。中國法律思想史中，儒家之外，尚有法家在焉，不可不略論之。

儒家與法家之辨，論者眾矣，皆病未得其要。以鄙見觀之。其持說之異，全在禮與法之關係一端。禮與法同為社會生活一種準繩。其不同之處，禮無刑罰結果，法有刑罰結果是也。蓋儒家之論法，以禮教為主，以法律為輔。孔子曰。道之以政，齊之以刑，民免而無恥。道之以德，齊之以禮，有恥且格。孟子曰。徒法不能以自行。唐律謂德禮為政教之本，刑罰為政教之用。名例篇首疏。其義尤顯，此就法之「用」言之也。法既以禮為主，則法之所以為法，必折衷於禮。大戴記。禮者禁於將然之前，法者禁於已然之後。禮察篇。即所謂「禮之所去，刑之所取，出禮則入刑」後漢書陳寵傳。而刑為禮之「表」。唐律釋文序語。易言之。法之所禁，必皆禮之所不容，而禮之所許，自必法之所不禁。故唐律監臨之官，不得私役使所監臨，惟有吉凶之禮，則可借使也。（職制五十三使所監臨條）。此就法之「質」言之也。法家之論法，則與此正反。其論法之「用」，則法律高於一切，禮不足論。管子曰。法者天下之至道。明法篇。尹文子曰。萬事皆歸於一，百度皆準於法。揚榷篇。而韓非子謂禮者忠信之薄而亂之首矣。解老篇。其論法之「質」，則法外無法，何待乎禮。故韓非子曰。法者編著之圖籍，設之於官府，而布之於百姓者也。難三篇。管子曰。生法者君，守法者臣。任法篇。慎子曰：法雖不善，猶愈於無法。群書治要引。則更明言法律自有其內在之價值，而無須外求權威。則形式主義法律論之必然結果耳。關於法家學說，論者每指出公佈，名實、客觀、進化、平等、最高效率，及無為而治七點。實則無為而治，不足稱為法律觀念。前四點在儒家之論法，又何嘗不然。後二點則形式法律論之必然結果也。參陳顧遠中國法制史頁四二。惟以其全部理論，建立形式主義之上，故其價值論終不免整個落空，遂流於所言無物。此其所以終不敵儒家之禮教法律論者歟。論法家學說之中斬者，有謂其受專制政體排壓之故。其義未允。蓋政治思想，受政治制度之影響則有之，受政治制度之限制者，未之聞也。

儒家之禮教觀，自兩漢以還，隨經學之盛，而整個控制中國法律思想，歷魏晉六朝，相沿不磨，至於唐而益顯。說者或謂宋元明清之所以採用唐律者，皆為其「一準於禮」之故。四庫全書提要卷二十。其說允否，姑不具論。然唐律之可以為禮教法律論之典型，則固可得而言之。蓋不獨三宥八議十惡之制，大祀不正寢，子孫別籍，親喪生子，同姓為婚之罰，皆淵源於禮制。而律疏解律，則往往直取證餘禮經矣。如言夫則稱廟未廟見及就婚三種之夫。名例六，十惡條，四曰惡逆。言父母喪則舉以哭答使者，盡哀而問故之儀。同條七曰不孝。言老幼則稱耄悼，名例三十老小廢疾條。言婚則稱娉則為妻，戶婚二十六許嫁女報婚書條。言娶妻則稱日甲月庚。戶婚二十八有妻更娶條。言發冢則稱葬之謂藏。賊盜三十發冢條。其引禮證律之例，不勝枚舉。不獨此也。職制律：居期喪作樂，律雖無文，依禮不合無罪，從不應為重。職制三十匿父母夫喪條。名例律：老小篤疾毆父母，於律雖得勿論，準禮仍為不孝，上請聽裁。名例三十老小廢疾條。則雖法所不禁，仍可以其違「禮」而致罰也。惟其法之外尚有禮足徵，故論罪出人，可以「輕重」相明。名例五十斷罪無正條。律令無條，可以「不應為」科罪。雜律六十二不應得為條。在成文法制度下，而能超越乎形式之上如此，亦大可驚歎矣！

吾人今日已漸習於西洋法律觀念者也。故有時反自視其固有之禮教法律觀為特殊。而西洋法律觀念者，以權利為中心之法律觀也。不觀夫羅馬法「優司」(ius) 一字乎？蓋同時具「法律」及「權利」兩義。而法律者所以確定權利，保護權利；權利者乃法律所確定保護之利益。陳允羅馬法律三十。遂為其當然之解釋，而成為一般法律概念矣。夫以禮教為中心，故人與人之關係重，而社會為本位。以權利為中心，故人與物之關係重，而個人為本位。唐律者社會本為之法律也。參下第十三章第八目。故刑律為其重心，而行政法懲戒法次之。羅馬法者個人本位之法律也。故債權法為其重心，而繼承法訴訟法次之。以社會為本位，故雖道路行人，亦有追補罪人之責；唐律捕亡四道路行人捕罪人條。以個人為本位，則雖強盜(rapina)傷害(iniuria)，亦不過造成被害者一種債權(Obligatio)而已。陳書頁二一六。社會所重者公益也。故居喪生子，固無損於任何人，惟以其為禮教所非，故唐律定以徒一年之罪。戶婚七居父母喪生子條。個人所重者財物也。故有浪費財產(Prodigus)者，雖對於國家社會無所損益，而為保護其繼承人之財產，羅馬法為之定保佐人(Curator)

之制。陳書頁三二九。進而言之。以社會為本位，則個人與個人之爭，無足輕重，故其法律可以義理為依歸，而不斤斤於條文。故中國論法，以簡要為尚。長孫無忌進律疏表：「損彼凝脂，敦茲簡要」。而比附可以斷罪，經義可以折獄。以個人為本位，則個人與個人之爭，錙銖謂可相讓，故其法律注重形式文字，絲毫不容苟且，故西洋法系全恃條文統制國家。以其意求統括，故有「法律空隙問題」之辯。明明為採伐葡萄起訴，而必以採伐「樹木」為詞，陳書頁三六九。取旅舍信紙作遺囑者，不知親筆重寫已經印就之地名，遂以無效宣告。德國聯邦最高法院判例。然則禮教與權利觀念之分，其所影響於法律制度，政治思想，及社會心理者，顧不深且鉅歟？

然而西洋法律制度者，今日已陷於末流者也。蓋其法規典範，日益脫去是非公義之觀念，而成為一種偶然意定之章則。其執法制法之人，已非有德有學之名賢大師，而多為一輩鑽研微末之條文匠。人事之是非曲直，不復為一般人情公理所能判斷，而有待乎少數法律匠之穿鑿鍛鍊。故近數十年來，各國學者之言法律哲學者日眾，蓋亦知其病之所在而思有以濟之者矣。或謂近年法律哲學思想之勃興，為法律與道德，由脫離而漸歸於結合之徵。薛祀光引滂特語見社會科學論叢，一卷四號。然則我國以禮教為中心之法律觀，其法律與道德，終始一體，未嘗脫離者，對之亦可以欣然矣！我國自百年以還，以戰爭敗北，失地賠款，已足痛心，而列強為繼續其侵略，並強謂我國法律為野蠻為落伍，而逼其舍己從人，尤為不白之冤。逮習以為常，則我國學者，亦自信其言為然不疑，遂有謂禮治觀念乃文明幼稚之徵，或言棄禮治而專法治，乃法律進化必然云云者，不亦更可怪耶！

七　家族主義論

唐律之法律思想，全為傳統之禮教論所支配，已詳上章。而我國之禮教論，以家族為中心者也。故無怪乎唐律中家族主義色彩之濃厚，勝於一切。其詳可分下列數端言之。

一、緣坐　賊盜律：謀反及大逆者……父子年十六以上皆絞。十五以下及母女妻妾祖孫兄弟姐妹……並沒官。伯叔父兄弟之子皆流三千里。（賊盜一謀反大逆條。）又：謀反上道者……妻子流二千里。（同律四條叛條。）又：造畜蠱毒者同居家口流三千里。（同律十五造畜蠱毒條。此皆無罪之人，以其與犯罪者有家族關係，遂致配流，沒官，或入死刑者也。

二、減贖　名例律：八議，一曰議親，謂皇帝太皇太后皇太后皇后親名例七，八議條。又應議者（三品以上官）期以上親及孫；同律九，請章。又得請者（五品以上官）之祖父母兄弟姐妹妻子孫，犯流罪各減一等，聽贖。同律十，減章。十一，贖章。此犯罪者以其與某種人有家族關係，而得減等科刑，及納銅贖罪者也。

三、量刑　賊盜律：姪殺伯叔者斬。賊盜六謀殺期親尊長條。謂之惡逆。名例六，十惡條。鬥訟律。伯叔殺姪則徒三年。鬥訟二十七毆兄弟姐妹條。又：弟毆兄者徒二年半，仝上條。是為不睦；名例六，十惡條。兄毆弟雖傷無罪。參鬥訟二十七毆兄弟姐妹條。又：妻毆夫徒一年。

鬥訟二十五妻毆詈夫條。夫毆妻無罪。同律二十四毆傷妻妾條。此同一犯罪行為，而以犯者與被害者有家族關係在，乃量其身分尊卑之不同，而定其刑罰輕重不等者。

四、定罪　職制律：府號官稱犯祖父名，而冒榮居之，祖父母父母老疾無侍，委親之官，……即冒哀求仕者徒一年。職制三十一府號官稱犯名條。戶婚律：居父母喪生子……徒一年，戶婚七居父母喪生子條。又：祖父母父母犯死罪被囚禁而嫁娶者徒一年半。同律三十一父母囚禁嫁娶條。此皆本屬平常之行為，惟以行為人之家族在某種狀況下，而成為罪名者也。

五、破法　名例律：犯非十惡，而祖父母父母老即應侍，家無期親成丁者，死罪上請，流罪權留養親。名例二十六犯死罪非十惡條。

又：犯罪共亡，輕罪能捕重罪首者除其罪。惟緦麻以上親不用此例，仍依告親屬法。同律三十八犯罪共亡條問答。又：同居大功以上親，有罪相為隱。即漏露其事，及擿語消息亦不坐。同律四十六同居相為隱條。此依法應處之刑，應免之罪，應科之罪，皆以顧及犯人之家族，而破格不用者也。

觀上所述，可知為尊重家族觀念，罪不可誅，刑可不用，而王事可廢。親親之義亦大矣。此外親在子孫不得別籍，戶婚六子孫不得別籍條。人民不得私入道，戶婚五私入道條。及賣口分田戶婚十四賣口分田條。無一非所以維護家族制度者。不獨此也。鬥訟律：祖父母父母為人毆擊，子孫即毆擊，非折傷勿論。鬥訟三十四祖父母父母毆擊條。斷獄律：獄結竟，徒以上各乎囚及其家屬，具告罪名。斷獄二十二獄結竟取服辨條。賊盜律：殺人應死，會赦免罪，而死家有期以上親者，移鄉千里外為戶。賊盜十八殺人移鄉條。唐律之為家族主義設想者，真無微不至也。

至於家族主義之所以見重如此者，在中國政治哲學史上，本自有其明確之理論。易曰，家正而天下定。（繫詞）。大學曰。欲治其國者，先齊其家。孟子曰。天下之本在國，國之本在家。即其說也。而此中實包涵兩種意義。一、家族主義乃係一種方法，而非一種目的。蓋「家」之價值，乃以「國」及「天下」之價值而存在。故親親之義雖重，而家族不為至上。因之二、家族觀念，不妨害是非觀念。故孝之「無違」者，以其事親「盡禮」。而事父母「幾諫」，必也勞而無怨。若其愆尤既成，則子為父隱，不聞從而為之辭。舜寧竊父遵海，不為瞽瞍而罷臯陶。至於窮兇惡極，則「大義滅親」，不獨春秋之所許，且為春秋之所命矣。

乃此家族主義者，至今大為世所詬病。意謂我民族性格，重視私德而輕視公德者，以家族觀念之普遍與濃厚，使人民止知有家族，而不知有國家之故。是以欲養成民族之國家觀念，必先打破其家族觀念云云。此「有國無家」之說，為論甚新，又為近世極權國家之所力行，彌資號召。然詳加思究，此中實內藏兩種錯誤，一、家族主義，並非家族「至上」主義，故大義可以滅親。是則家族與國家，根本未立於絕對衝突地位，此論證之錯誤。二、主張有國無家，即是欲使人之視父母如視路人，乃人類天性所不可能，此又認識上之錯誤。此說無足取耳。

八　論尊君

唐律中家族色彩之濃厚，略如上述，其次則當推尊君主義。鬥訟律：告期親尊長……雖得實，徒三年。……若告謀反叛逆者各不坐鬥訟四十五告期親尊長條。則家族主義不敵尊君主義矣。唐律一部刑名，緣坐入死者，止有謀反逆一端賊盜一謀反大逆條。又以事涉宮廷而致死罪者，幾及二十項。衛禁二闌入宮門條，三闌入踰閾為限條，五非應宿衛自代條，十四奉敕夜開宮殿門條，十五夜禁宮殿出入條，十六宿衛上番不到條。職制十二合和御藥條，十三造御膳犯食禁條，十四御幸舟船條，十七監當主食有犯條，三十二指斥乘輿條。賊盜一謀犯大逆條，四謀叛條，二十四盜御寶條。詐偽一偽造皇帝寶條，三偽寫宮殿門符條，六詐為制書條。宜乎說者謂唐律罰犯君之罪特嚴，有便於王朝，是以為歷代人君所喜，而因之承用不絕也。然詳究其實，則唐律中犯君各罪，大多追緣前代，歷襲相傳，非至於唐而特酷。而中國歷代法律之所以重君者，其深意所在，亦無非以其為國家象徵，蓋所以定秩序正綱紀，而非特以神聖視君主個人也。英國最早號稱民主政治，而始終用君主國體。無君主之國家，亦無不有元首，則亦無不有一種象徵主義。孟子曰：民為貴，社稷次之，君為輕。中國政治哲學中，君主對國家之作用如何，至明顯也。且即就唐律本身觀之，亦似其對於君主之代表國家，或用其本身資格，亦頗有所輕重。如十惡之罪，名例六，十惡條。謀反（一）大逆（二）居於最首。而大不敬（三）在惡逆（四）不道（五）之後，則為禍國家者，重於禍君也。職制律，署置（一）貢舉（二）出界（三）之罪居其先，而和合御藥（十二）造御膳

（十三）諸罪居其後，是事官先於侍君也。鬥訟律，皇家袒免親，亦為己之所親時，則準尊卑服數為斷，不在皇親加例。鬥訟十四皇家袒免以上親條問答。是私人親族身份，較皇親身份為優越。不以國家為本位，而僅圖「效忠一姓」者，其立法能如是乎？

依上述之義而讀中國歷代法典政書，凡有關君臣之說，皆可以此「君主為國家象徵」之國家論為基礎，而其深意乃可明。若但以君臣個人關係，或一朝一姓之觀念求之，不獨有負昔賢，且亦將不得其解。要知我國過去，賢哲志士，以國家民族為心，而視死生利祿如敝屣者，何可勝數，要皆不至於以「一姓忠僕」限其意志。然而莫不以「忠事其君」表現之者，則中國之傳統國家論有以致之耳。

然我國政治哲學之發達，及其政治制度之成熟，雖超越世界上任何國家，而獨缺乏「國家論」之探討者，有數因在。一、漢族文化，以禮教為夷夏之分，象形文字，亦增強其統一性。是以無種族疆域之界，故昔哲皆以整個「天下」立說，而不作個別「國家」之比較。季札觀樂，所論各國，皆屬於一個文化，而蠻夷之邦不與焉。二、儒家學說，甚早即整個支配中國人民之國家觀念。而宗教思想，從未能對之發生重大影響，因之亦無何政治勢力。故中國從不識政教之爭，而遂缺乏外國國家論發達之一主要動力。三、周秦以還，大一統之制度遂成。雖不乏鼎足偏安之局，而無不以統一為念，故歷史上亦從無帝權王權之辯。此又一與外國國家論還境不同之處。四、中國雖以君主立國體，而始終以德治為理論。民為邦本之義，歷世不磨，「雖不乏淫威之主，但往往天下騷然，終莫能從其制。亦不乏骫法之吏，但往往受民控訴，終莫能弄其法」陳顧遠中國法制史頁五九。因之中國雖不乏種種階級事實，而終未養成任何特殊階級意識，是以亦從無民權、自由、憲法等之要求。蓋中國政治哲學之缺乏國家論者，以其歷史環境，與歐西不同，故國家概念之「問題性」，於中國不存在耳。

九　論崇官

唐律之科罪處刑，居官者與庶人不同。蓋凡九品以上之官，苟非犯五流或死罪，其犯常罪者，皆可以免官抵罪，謂之「官當」。罪輕者則留官納銅，謂之「收贖」。名例十一贖章，十七以官當徒條，二十二以官當徒不盡條。七品以上者，流罪以下皆減一等，謂之「減罪」名例十，減章。五品以上之官，犯非惡逆，雖坐絞斬，聽自盡於家。斷獄三十一斷罪應絞而斬條。居官者即犯五流，雖配流如法，仍免居作之役名例十一，贖章。故在此官當減贖制度下，居官者犯罪，即使處死配流，然而不役身，不受杖。說者每謂唐律內容，特別優待官吏，多少不免階級意味，殆就此言之也。

此「刑不上大夫」之義，時下論者，頗以落伍貲之。然此中實不乏至理。一、崇官慎行，所以重名位以遠財貨也。孟子曰。「或勞心或勞力。勞心者治人，勞力者治於人。治於人者食人，治人者食於人」此治人者，即所謂統治階級是也。今天下之物，人所欲者，惟名與利。又可稱之為統治慾及所有慾。而社會組織，全恃制度，制度之立，在有統制階級。乃國家之名位有限，社會之貨利無窮。統治階級而惟利是圖，則將失其統治作用，而社會紛亂崩潰之日至矣。故中國政治哲學，最重義利之分，與君子小人之辨。而章服與馬儀仗之用，舍宅墳塋器物之制，參雜律十五舍宅車服器物條。皆所以崇揚名位，以抑裁貨利吸誘之力，而此慎刑之典，最所以提高名位之作用而已。二、刑罰之用，在於懲儆。而人類之品質各殊，示罰亦自可異式。故救死而不暇治禮義者，匹夫匹婦也。寧死而不食嗟來之食者，重禮輕生之士也。愚民不感肌膚之悽，則不知悛，居官者豈必待鞭箠拷掠而後知非哉。參下第十三章第一目。三、天之生民，愚者眾而賢者寡，才難之歎，理之必然。有治人之能而犯罪，苟非極兇大惡，必冀其知過而悔改。今若使與庶民同罪，被囹圄笞杖之辱，則其後將何以蒞民？故刑不上大夫者，亦所以維持其威嚴，保全其自尊，而以觀望其後效，蓋亦國家惜才之意耳。且若其人果德行有虧，失居上之道，而不足為治民之士者，則所犯雖微，亦不免除民免官等處分。名例十八，十惡反逆緣坐條，十九姦盜略人受財條，二十府號官稱條。苟怙惡不悛，犯而屢犯，則居位縱高，歷官縱多，終至於官當已盡，等於庶民，陷於刑戮而後已。則惜才之制，並不致造成一特殊階級也。

但居官者之名位既崇，則其所受之拘束亦愈嚴，而尤以限制其授受取與者為最甚。蓋枉法受財者，十五匹即致死罪。職制四十八監主受財枉法條。不枉法受財，仝上條。或事過而後受財，職制四十九有事先不許財條。皆以贓論罪，即無事而受所監臨財物，職制五十受所監臨財物條。或因使而受饋，職制五十一因始受送饋條。貸所監臨財物，職制五十二貸所監臨財物條。私役使所監臨，職制五十三役使所監臨條。受豬羊供饋，職制五十四監臨受供饋條。率斂財務遺人，職制五十五率斂監臨財物條。甚至家人受乞借貸，職制五十六監臨家人乞借條。或去官而受舊屬饋與，職制五十七去官受舊官屬條。亦皆不免贓私之罰。其於義利之辨，亦可謂甚詳之極矣。不獨此也。官人犯罪，連署之官，節級科罪。名例四十，同直犯公坐條。即使同職有私，連判者不知其情，亦論「失」連坐。仝上條。居官者責任之範圍，如此其廣也。雜律：不應給馬而取者，坐贓論加二等。強取者加一等。主司給與者，各與同罪。雜律二十應給傳送剩取條。雖被強而仍入罪。其官守之責，如此其重也。董綬經論唐律，特指出堅守重科一節，早稻田法學會誌第二號得其義矣。

十　唐律獄訟制度特點

唐律獄訟制度：徒斷於州，杖斷於縣，此地方之司法管轄範圍也。京師徒刑以上大歸大理，其下由京師法曹參事與諸司斷之，此中央之司法管轄範圍也。縣申州，州申省（刑部），此一般上訴程序也。凡鞫大獄，特詔刑部尚書御史中丞大理卿同案之，謂之三司使，此一種特別法庭也，邀車駕，撾登聞鼓，上議請裁，庭訊御審，此一種非常裁判也。此其大概也。然其中頗有數特點，深資吾人注意者，茲分述之如下：

一、徒以上罪皆經覆審　　斷獄律云：杖罪以上縣決之。徒以上縣斷定，送州覆審。大理寺及京兆河南府斷徒，申省覆審。大理寺及諸斷流以上，皆連寫案狀申省，即封案送，或案覆申奏斷獄十七應言上而不言條，疏文引獄官令。死罪囚應行刑者，皆三覆奏訖，然始下決。斷獄二十九死囚覆奏報決條疏。蓋杖罪斷於縣，初審即可處決。徒以上必經覆審。經縣者申州，經大理或府者申省。流以上皆須申奏，而死罪則三覆奏始決也。此覆審之制，每為論者所忽。然實唐代司法制度中一重要關鍵，觀下文自明。

二、司法與行政權不分　唐制，獄訟皆理於縣。而縣令之職，在「審察冤屈，躬親獄訟，務知百姓之疾苦。訴訟之曲直，必盡其情理。」唐六典卷三十。此即所謂司法權行政權為同一官吏所掌握，而每為人所詬病者也。然依中國傳統政治哲學，德禮與刑罰，同為政教施之方。參上第六章禮教中心論。「管」與「教」不分，則其集中於一人，亦理之必然。不親獄訟，何以切知百姓之疾苦乎？尤有進者：徒以上罪，不決於縣而斷於州府，而州府皆有專門司法幕僚。蓋州有司戶參軍及司法軍事。上中州各二人，下州一人。而府有戶曹參軍事及法曹參軍事。人數同上。戶曹司戶參軍掌判斷人之訴競，凡男女婚姻之合，必辨其族姓，以舉其違；凡井田利害之宜，必止其爭訟，以從其順。法曹司法參事掌律令格式，鞫獄定刑，督捕盜賊；糾逖姦非之事，以究其情偽，而制其文法，唐六典卷三十。且隱然有民事刑事之分。參楊鴻烈中國法律發達史，頁三七七。進而刑部大理，尤為專門司法機關，更無論矣。而國家選士，每歲貢舉，皆有「明法」一科。其試律令各十帖，試策共十條。律七條，令三條。全通為甲，通八以上為乙。自七以下為不第。通典卷十五。其標格之嚴，蓋勝於明經秀才各科。此兩科有甲乙丙丁四第，明法僅甲乙兩第。夫司法及行政權混合之弊，在濫用權而不守法。今則法律實體，皆有成文法之規定。所謂律令格式。裁判之官，皆國家嚴格選任之專家。重案成立，皆經過兩級或兩級以上之覆審。此司法制度，亦可謂審慎之至矣。而其最大保障，則在法官對其裁判所負之責任。司法制度，既審慎如此，而訴訴方式，又無形式文字之種種拘束。故唐律獄訟，雖無辯護之規定，不足認為嚴重欠缺也。

三、法官責任　斷獄律：諸官司入人罪者，若入全罪，以全罪論。從輕入重，以所剩論。其出罪者各如之。即斷罪失於入者，各減三等。失於出者，各減五等。斷獄十九官司出入人罪條。蓋法官裁判，故意違法者，皆隨其所判輕重得罪。即以過失誤判者，亦不能諉卸其責也。斷獄律三十四條中，其規定法官鞫獄考訊科刑種種責任者，不下三十條，詳慎微密，無所不至，今日西洋法系之司法制度，號稱司法獨立，而法官對其裁判之不負責任，就習唐律者觀之，不能無微憾也。關於法官淹禁不決之責任，唐律已略有規定（職制二十一稽緩制書條）。至宋漸成定制。（參陳顧遠中國法治史頁二四八）。今日觀之，使人大慚。

四、集議請裁　唐律獄有所疑，法官執見不同者，得為異義請裁。參斷獄三十四疑罪條。即按法無罪，依禮應罰者，亦可上請聽裁。參名例三十老小廢疾條問答。此乃以人類情理智慧之可恃，濟法律成文字句之有窮。苟其運用得宜，則此之以行政補救司法，又何異於今之以立法補救司法？必謂其為有害於法律之安定性，吾不信也。

五、採用多方觀點　唐制，鞫大獄用三司使，大理刑部之外，為御史台，此御史參與司法也。死罪大理斷後，往往命刑部會同中書門下省更議，此中書門下之參與司法也。天下冤而無告者，則給事中，中書舍人，侍御史鞫其事，分置朝堂，謂之三司受事。或斷大獄，另中書舍人參酌之，謂之參酌院。以上參陳顧遠中國法治史頁一八〇。此固屬於司法權之不統一。然申理冤滯，糾正刑部大理之弄法，此其利一。集合多方不同觀點，以免限制於司法官專家眼光，以求適事理之當，此其利二。且唐律中行政法懲戒法規定甚夥，其公法性本重於私法性，原不可以現代司法觀念繩之。

六、獄訟必有結果　斷獄律：拷囚不得過三度，數總不得過二百。杖罪以下，不得過所犯之數，拷滿不承，取保放之。斷獄九拷囚不得過三度條。又曰：拷囚限滿不首，反拷告人。謂還準前人拷數，反拷告人。拷滿不首，取保並放。斷獄十拷囚限滿不首條。又曰：疑罪各依所犯以贖論。斷獄三十四疑罪條。蓋事凡涉訟，被告原告，皆不免被拷之虞。免拷者罰銅。即乏聞見實證，苟事屬疑似，皆可科罪判贖。故犯罪者既不易幸逃刑戮，告人者亦不敢妄事攀援。而人民不致有「健訟」之風矣。

十一　論唐律之不罰未遂罪及其自首之制

唐律無未遂罪界說，欲設之罰，皆特立刑名。考一部律中，凡有五例。一、賊盜律，「謀殺人者徒三年」。賊盜九謀殺人條。二、衛禁律「化外人……私與禁兵器者絞，共為婚姻者流二千里，未人未成者減三等。」衛禁三十一越度緣邊關塞條。三、賊盜律，「強盜不得財徒二年」賊盜三十四條，又竊盜不得財笞五十。（賊盜三十五條竊盜條）。四、賊盜律，「略人擬為奴婢不得，又不傷人，以強盜不得財徒二年。」賊盜四十五略人略賣人條疏。五、詐偽律，「詐欺官私取財物不得，準盜論減二等」。詐偽十二詐欺官私取物條。此外未遂之罪皆無罰。此事乍觀，似覺欠闕，詳思所以，則亦「自首得原」之必然結果。名例律：「犯罪人未發而首者原其罪，……其餘人損傷，於物不可備償者，不在自首之例」。名例三十七犯罪未發自首條。疏云：「過而不改，斯成過矣。今能改過來首，其罪皆合得原。」推求律義，蓋以刑因罪致，罪以事成，而其事之致刑，必狀之不可平反。不然者，有發於心，乃形於事，事後知悔，反復原狀。則一己之德行偶虧，他人之利害無故，執法者又何必操嚴刑峻罰以從其後乎？名例律：「諸盜詐取人財務，而於財主首露者，與經官司自首同。」名例三十九盜詐取人財物條。又曰：「諸公事失錯自覺舉者原其罪。……其斷罪失錯已行決者不用此律」。名例四十一公事失錯條。職制律：「諸有所謂求者笞五十，主司許者與同坐。」職制四十五有所請求條。注稱：「王司不許，及請求者皆不坐，」雜律：「諸亡失器物符印之類應坐者，皆聽三十日求訪，不得，然後決罪。若限內能自訪得，及他人得者，免其罪。」雜律五十八亡失符印求訪條。夫主司不許而請求者不坐，他人得符印，而亡失者免其罪，是犯罪者必事之不可平復，至明且顯。則罪之將犯而未遂者之無罰，蓋尤灼然矣。雖然，律以正俗，刑以止殺，不有誅心之罰，悉作未犯之懲，則又何說？曰：此儒家禮治論之效也。詳見上第六章。蓋德禮為本，刑罪為用之說既成，則格心者禮教之事，治罪者刑名之事。罪既未成，無須施罰。而刑既限於罪之已成，於是狀可復原者，許其首而自新，犯而未遂者，自可恕而不論耳。雖然，欲殺之心，不可無罰。夷夏關防，國事所重。盜者律之所深棄，蓋男犯盜，女犯姦，雖八議不合減贖。名例十一贖章。略人詐偽兩例，近盜尤者，故別立此不遂之罰五事云。

十二　唐律無自衛說

自衛之義，不見唐律。其一部刑名中，自衛之事凡三。一、鬥訟律：諸鬥毆殺人者絞，以刃及故殺人者斬。注稱為人以兵任逼己，因用兵刃拒而傷殺者，依鬥法。鬥訟五鬥故殺用兵刃條。二、詐偽律：諸詐為官，及稱官所遣而捕人者，流二千里。為人所犯害而詐稱官捕及詐追攝人者，徒一年。詐偽十一詐稱官所捕人條。三、廄庫律：畜產欲觝齧人而殺傷者，不坐不償，廄庫九官私畜毀食官私物條。夫他人以兵刃見逼，己因用兵刃相拒，而猶殺人不免於死，重傷至於徒流，則律不用自衛之說明矣。故為避犯害而詐稱官捕者，猶徒一年。必來相觝齧者之為畜產，始可拒傷而無罪。屢思其故，其所以如此者，殆以自衛之義，取證難而開鬥競乎？何以言之：自衛之義，用於鬥競殺傷之時為多。而爭鬥之起，必也其一逼人，一為見逼。然迨殺傷已成，而至於按問，則見逼者於理固直，而逼人者又執肯自承乎？立一減罰之義，使兩造互爭而莫辯，不如不立此義之為愈。唐律特重現實，而不騖空論，故不用也。唐律之現實，莫顯於其法定假設。其詳另見下文，茲不具論。下第十三章第十三目。且自衛之取證，縱使不難，然見逼者，若有所恃，必將挺身鬥狠而無恐，是殺傷之事，將以自衛之議而益繁，則尤非定律者之所欲耳。然則此非為逼人者張目歟？曰：不然。止殺懲競，律文別有周密之方。鬥訟律：諸鬥後下手理直者，減二等。鬥訟九兩相毆傷論如律條。此律之論曲直也。同律：鬥以兵刃斫射人不著者杖一百，刃傷者徒二年。因鬥而用兵刃殺，與故殺同，鬥訟三兵刃斫射人，及五鬥故殺用兵刃條。此律之防用兵刃也。賊盜律：夜無故入人家者，笞四十，主人登時殺者勿論，賊盜二十二夜無故入人家條。此防兇惡之人入人家也。又曰：諸部內有一人為盜，里正笞五十，賊盜五十四部內容止盜者條。捕亡律：鄰里被強盜及殺人，告而不救助者，杖一百。聞而不救助者，減一等。捕亡六鄰被強盜條。此禁兇之推及鄰里也。又曰：被人毆擊折傷以上，若盜及強姦，雖傍人，皆得捕繫，以送官司。捕亡三被人毆擊姦盜捕法條。又曰：追捕罪人，力不能制，告道路行人。行人力能助之而不助者，杖八十。捕亡四道路行人捕罪人條。此懲兇之責達於路人者也。夫懲兇之責。達於路人，可謂謀集體安全之至者矣。不可但以其無自衛之說，而謂為獎兇殘也。

十三　唐律中之新穎思想

以上數章，就唐律中各種主要觀念，略有論述。讀者或不免嗤為古董癖，而目之為傳會之說。然唐律中尚不乏種種思想，在今日觀之，彌覺其新穎進步者。茲試論之如下：

一、感應主義　「感應主義者，以刑罰為感應犯罪人之工具。

其輕重專以犯罪人感應力之如何為準，即一方審查其犯罪之事實，一方更考察其犯罪之原因，合雙方而驗之，以定其所宜處之刑罰。唐律上之『官當』制度，……不失為感應主義。」朱方，中國法制史，頁一五八。

二、目的主義　「目的主義，認為刑罰為國家對於犯罪人所施之一種防禦手段，以期保全社會及國家之安寧秩序與正義道德。故其用意不在為被害人報復，而在消滅犯罪。而『官當』之制，『贖刑』之制，皆含有目的主義存在。」朱方，仝上。

三、人格主義　「人格主義，重在犯罪之人格，其所云『八議』其所云『過失』旨為兼重人格主義之表現。」朱方，仝上。

四、人道主義　「唐律刑名，雖有身體刑存在，如笞杖之類。

然對於古代刑罰之慘酷無人道者，已努力廢除。且死刑而外，次之即為自由刑，尤深合於人道主義及刑事政策。」——朱方，仝上。

五、優生思想　中國對於優生論之觀念，發達甚早。男女同姓，其生不蕃之論，在春秋時已為人所注意。故戶婚律規定同姓不得為婚，戶婚三十二同姓為婚條。而同時極端取締良賤相混：故官戶雜戶及奴，與良人婚者，皆有罰。戶婚四十二奴取良人為妻條，四十三雜戶不得取良人條。姦非之罪，賤人犯良者，加重其罪。雜律二十二姦徒一年半條，二十六奴姦良人條。而良人不得養賤為子孫，戶婚十養雜戶為子孫條。亦不得願嫁賤人。戶婚十一放部曲為良條問答。七出之狀，『無子』居首者，戶婚四十七無妻出條。蓋以妻在則不能更娶，戶婚二十八有妻更娶條。納妾不能得良家女。故以種族為重，而強其出妻耳。殺一家非死罪三人，支解人，及造畜蠱毒者，其妻子家人，皆緣坐配流，賊盜十二殺一家三人條，十五造畜蠱毒條。蓋以犯者兇狠謬亂，不欲其種族傳播華夏，意尤顯然。

六、國防政策

唐時之中國，一尚武之國家也。府兵之制，於斯為盛。其國防政策之散見於律令者：衛禁律：私度關者徒一年，越度者加一等。衛禁二十五私度關條。又不應度關而給過所者徒一年。衛禁二十六不應度關條。又：越度緣邊關塞徒二年。……私與化外人禁兵器者絞。衛禁三十一越度緣邊關塞條。此關禁之嚴也。廄庫律：牧畜死失及不充，一笞三十。廄庫一牧畜產課不充條。驗畜產不實，一笞四十。廄庫二驗畜產不實條。受官羸病畜產，養療不如法，笞三十。廄庫三受官羸病畜產條。此畜牧之重也。而「郵驛本備軍速，其馬所擬尤重」

詐偽十八詐乘驛馬條疏。故職制律：增乘驛馬，一匹徒一年。職制三十七增乘驛馬條。乘驛馬枉道，一里杖一百。職制三十八乘驛馬枉道條。乘驛馬齎私物，一斤杖六十。職制三十九乘驛馬齎私物條。詐偽律：詐乘驛馬，不問遠近皆加役流也。詐偽十八詐乘驛馬條。即非官馬，而自殺牛馬者，徒一年。廄庫八故殺官私馬牛條。而無罪殺奴者亦不過徒一年耳。（鬥訟二十主殺有罪奴婢條。）將馬越度關者，減度人一等。衛禁二十六不應度關條。而出關須請過所者，馬以外尚不乏他畜也。仝上條。畜產出關，必請過所，主不得自殺馬牛，非國防政策中所謂統治經濟者乎？而興軍征討，有所稽廢者，雖過失不減罪。擅興七乏軍興條。以弓射為戲，雖賭物亦無罪名。雜律十四博戲賭財物條。唐之崇兵重武，不亦尚乎！

七、警察思想

唐律中警察思想，甚為發達，戶婚律：脫戶

者家長徒三年。戶婚一脫戶條。里正知情者同家長。戶婚二里正不覺脫漏條。州縣知情者從里正法。戶婚三州縣不覺脫漏條。此戶籍警察也。雜律：於城內街巷，及人眾中，無故走車馬者，笞五十。雜律四城內街巷走車條。船人行船茹舩寫漏不知法，船筏應迴避不迴避，笞五十。雜律三十九茹船不如法條。此交通警察也。雜律：營造舍宅……及墳塋，於令有違者，杖一百。雜律十五舍宅車服器物條。此營建警察也。又：不修堤防及修而失時，主司杖七十。雜律三十六失時不修堤防條。盜決堤防，杖一百。雜律三十七盜決堤防條。此水利警察也。又：醫為人合藥，誤不如本方，雖不傷人，杖六十。雜律七醫合藥不如方條。穿垣出污穢，杖六十。雜律十六侵巷街阡陌條。賊盜律：脯肉有毒，曾經病人，不即焚，杖九十。賊盜十六以毒藥藥人條。此衛生警察也。雜律：深山迴澤，施機槍，作坑穽，不立標幟，笞四十。雜條六施機槍作坑穽條。時非燒田野，笞五十。雜律四十二非時燒田野條。賊盜律：山野之物，已加功力，輒取者，以盜論。賊盜四十四山野物已加功力條。此森林警察也。雜律：負販之徒，共相表裡，參合貴賤，惑亂外人，杖八十。雜律三十三賣買不和較固條。造器用之物及絹布，行濫短狹而賣者，杖六十。雜律三十器用絹布行濫條。私作斗斛秤度不平，在市執用者，杖五十。雜律三十二私作斗斛秤度條。此商業警察也。賊盜律：盜毀天尊像佛像，徒三年。賊盜二十九盜毀天尊像佛像條。發冢者加役流，賊盜三十發冢條。此宗教警察也。雜律：於地內得古器，刑制異常，而不送官者，坐贓論減三等。雜律五十九得宿藏物條。此古物警察也。餘列尚繁，茲不縷舉。

八、社會防罪制度

唐律之預防犯罪，利用社會組織一節，罪足資吾人借鏡。其規定人民於犯罪發生時，被動而有動作義務者。捕亡律：鄰里被強盜，及殺人，告而不救助者，杖一百。捕亡六鄰里被強盜。又：追捕罪人，力不能制，告道路行人，其行人力能助之而不助者，杖八十。捕亡四道路行人捕罪人條。其規定人民於犯罪發生時，有自動動作之義務者。鬥訟律：強盜及殺人，賊發，被害人之家及同伍，即告其主司。若家人同伍單弱，比伍為告。當告而不告，一日杖六十。鬥訟五十九強盜殺人條。又：同伍保內，在家有犯，知而不糾者，死罪徒一年，流罪杖一百，徒罪杖七十。鬥訟六十監臨知犯法條。雜律：見火起，應告不告，應救不救，減失火罪二等。雜律四十五件火起不告救條。捕亡律：被人毆擊折傷以上，若盜及強姦，雖傍人，皆得捕繫，以送官司。捕亡三被毆擊姦盜捕法條。鬥訟律：知謀反及大逆者，密告隨近官司。不告者絞。知謀大逆謀叛不告者，流二千里。知指斥乘輿，及祆言，不告者，各減本罪五等。鬥訟三十九密告謀反大逆條。唐律中，社會本位，義務本位之基本觀念，於此數條，最為顯然。今世之攻擊個人主義，而倡集體安全者，對之能無感乎？

九、公文處理

職制律：官文書，依令，小事五日程，中事十日程，大事二十日程。徒以上獄，案辦定須斷者，三十日程。其通判及勾，經三人以下者，給一日程。經四人以上，給二日程。大事各加一日程。若有機速，不在此例。職制二十一稽緩制書條。官文書程限，可謂詳名。賊盜律：廢除文案者，依令，文案不須常留者，每三年一揀除。賊盜二十六盜制書條疏。則三年一清檔案之制，唐時已通行矣。

十、公物管理　唐律最重公物，關於驛馬各條，已詳上文。上第六目。雜律：應乘官船，違限私載，若受寄，及寄之者，五十斤及一人，各笞五十。雜律三十人乘官船載衣糧條。此關於官船之規定也。廄庫律：假請官物，事訖過十日不還者，笞三十。廄庫十六假借官物不還條。監臨主守以官物私自貸，若貸人，及貸之者，以盜論。同律十七監主貸官物條。以官物私自借人，若借人，及借之者，笞五十。同律十八監主以官物借人條。明定主守愛護公物之責如此。雜律：不應給傳送而強取，主司給與者，各與同罪。雜律二十應給傳送剩取條。被強而與強者同罪，主守者之責重矣。

十一、移民政策　戶婚律：賣口分田者，十畝笞十。戶婚十四賣口分田條。而狹鄉樂遷就寬者，許賣之。仝上條疏。又：占田過限，於寬閑之處者不坐。戶婚十五占田過限條。又：人居狹鄉，樂遷就寬鄉，去本居千里外，復三年。五百里外，復二年。三百里外，復一年。同律二十三應復除不給條疏。所謂「務從墾闢，庶盡地利」，亦善於獎勵移民矣。

十二、法律適用問題　名例律：化外人同類自相犯者，各依本俗法。異類相犯者，以法律論。名例四十八化外人相犯條。此關於國際法之規定也。參下第五章第六目。擅興律：違犯軍令，軍還以後，在律有條者，依律斷。無條者勿論。擅興十一主將臨陣先退條。此關於普通法與特別法之規定也。二者皆唐律中最優美之條文也。

十三、法定假設　唐律中各種規定，以其法定假設，立意最為新穎。如犯罪以造意為首，從者減一等。而家人共犯，則止坐尊長。共監臨主守為犯，則監主為守，凡人為從。名例四十二共犯罪造意為首條。共犯罪而有逃亡，見獲者稱亡者為首，更無證徒，則決其從罪。名例四十四共犯罪有逃亡條。共毆傷人者，以下手重者為重罪。至死者，則隨所因為重罪，其事不可分者，以後下手為重罪。不知先後輕重者，則以謀首及初鬥者為重罪。鬥訟七同謀不同謀毆傷人條。皆其類也。至「保辜」之制，依所傷之輕重，定期限之長短，以判犯人之責任。參鬥訟九兩湘毆傷論如律條。則亦法定假設知一種，而較切於事實者也。

十四、標準化

雜律：斛斗秤度，每年八月，詣太府寺平校。不在京者，詣所在州縣官校。並印署然後聽用。雜律二十九校斛斗秤度條疏。又云：量，以北方秬黍中者，容一千二百為龠，十龠為合，十合為升，十生為斗，三斗為大斗一斗，十斗為斛。秤權衡，以秬黍中者百黍之重為銖，二十四銖為兩，三兩為大兩一兩，十六兩為斤。度以秬黍中者一黍之廣為分，十分為寸，十寸為尺，一尺二寸為大尺一尺，十尺為丈。同上。是不能不謂為科學標準也。

十四　讀唐律札記

一、法律論斷深刻　唐賢法律論斷，至為深刻，於律疏問答中每見之。其精嚴警闢，不遜羅馬諸大法家。例如(一)名例律：略和誘人，署置官過限，詐假官諸罪，赦書到後百日，見在不首，故蔽匿者，復罪如初。限內經問不承者，亦同蔽匿。名例三十五略和誘人條。又曰：會赦應改正徵收，如增減年紀，主守私借畜產。經責簿賬，而不改正徵收者，各論如本犯律。名例三十六會赦改正徵收條。問曰：「上條會赦，以百日為限，下文會赦，乃以責簿為期。若有上條赦後百日之內責簿賬，隱而不通者，下條未經責簿賬，經問不承，合得罪否？」答曰：「上條以罪重，故百日內經問不承，罪同蔽匿。限內雖責簿賬，事終未發，縱不吐實，未得論罪。後條犯輕，赦後經責簿賬不通，即得本罪。經年不經責簿賬，據理亦未有辜，雖復經問不承，未合得罪」仝上條疏。（二）名例律，以贓致罪，頻犯者累科倍論謂如受所監臨，一日之中，二處受絹一十八匹，或三人共出一十八匹，同時送者。問曰「脫有十人共行，資財同在一所，盜者一時將去，得同類犯以否？」答曰：「十人之財，一時俱取，雖復似非頻犯，終是物主各別，元非一人之物，理與十處盜同。坐同頻犯，贓合倍科。若物付一人專掌，失即專掌者陪。理同一人之財，不得將為頻盜。」名例四十五，二罪從重條。（三）戶婚律，有妻更娶者，徒一年，各離之。問曰：「有婦而更娶婦，後娶者雖合離異，未離之間，共夫內外親戚相犯，得同妻法以否？」答曰：「一夫一婦，不刊之制。有妻更娶，本不成妻。詳求理法，止同凡人之坐。」戶婚二十八有妻更娶條。（四）賊盜律，問曰：「反逆人應緣坐，其妻妾據本法雖會赦猶離之正之，其繼養子孫，依本法雖會赦合正之。準離之正之，即不在緣坐之限。反逆事彰之後，始訴離之正之。如此之類，並合放免以否？」答曰：「違法之輩，法須離正，離正之色即是凡人。離正不可為親，須從本宗緣坐。」賊盜一謀反大逆條疏。（五）賊盜律，共盜者，若造意者不行，又不受分，即以行人專進止者為首。主遣部曲奴婢盜者，雖不取物，仍為首。問曰：「有人行盜，其主先不同謀，乃遣部曲奴婢，隨他人為盜。……欲令部曲奴婢主作首以否？」答曰：「盜者首出元謀。若元謀不行，即以臨時專進止為首。今奴婢之主，既非元謀，又非行色。但以處分奴婢，隨盜求財，奴婢之此行，由主處分。今所問者，乃是他人元謀，主雖驅使家人，不可同於盜者。元謀既自有首，其主即為從論。」賊盜五十共盜併贓論條疏。（六）依鬥訟律，毆皇家親，毆佐職，毆長官父母，及毆親長，皆重於毆凡人之罪。鬥訟十四皇家袒免以上親條十一，毆制使府主縣令條，十三毆府主縣令父母條，及二十四毆傷妻妾以下條各條。問曰：「皇家袒免親，或為佐職官，或為本屬府主刺史縣令之祖父母父母妻子，或是己之所親。若有犯者，合遞加以否？」答曰：「皇家親屬，為尊主之敬，故異餘人，長官佐職，為敬所部。尊敬之處，理各不同。律無遞加之文，法止各從重斷。若己之親，各準尊卑服數為最，不在皇親及本屬加例。」鬥訟十四皇家袒免以上親條。以上數例，可見一斑，餘不縷舉。

二、輕刑慎殺　唐律刑獄之制，最輕刑慎殺。蓋杖不過二百，流不過三千里，役不過四年。名例二十九犯罪已發條。死刑不出絞斬，名例五死刑二條。又五品以上官，聽其自盡於家。見斷獄三十一斷罪應絞而斬條。緣死限於父子。賊盜一謀反大逆條。且笞杖粗細有定制，背臀分受有成法。斷獄十四決罰不如法條。捶人濫施大杖，及徒流稽留不送者，皆犯刑章。斷獄十五監臨以杖捶人條及二十四徒流送配稽留條。而秋分以前，立春以後，正月五月九月及十直日，即一日，八日，十四，十五，十八，二十三，二十四，二十八，二十九，三十各日。皆不得決死刑。斷獄二十八立春後不決死刑條。蓋一歲之中，行刑之日，不及八十。明肅殺之威，存哀矜之厚。後之論律者，無不盛嘆唐制最得刑罰之中，有自來矣。

三、重農事　中國一農業國家也。故唐律中亦不乏重農色彩。名例律：犯徒應役，而眾無兼丁者，加杖免居作，名例二十七徒應役無兼丁條。即「矜其糧餉乏絕」也。職制律：之官限滿不赴，一日笞十。代到不還減二等，職制六之官限滿條。而其有田苗者，則聽待收田訖發遣」仝上條疏。用意尤顯。

四、思慮周密　唐律中表現其思慮周密精到之處甚多。如廄庫律：應輸課物，而輒齎財貨，詣所輸處，市糴充者，杖一百，廄庫二十六輸課物齎財市糴條。賊盜律：山野之物，己加功力，刈伐積聚，而輒取者各以盜論。賊盜四十四山野物已加功力條。雜律：參市謂人有所賣買，在旁高下其價，以相惑亂。而規自入者，杖八十。雜律三十三賣買不和較固條。此刑名之細密者也。名例律：居父母喪作樂為不孝。名例六，十惡條。疏謂「作樂者，自作遣人等」，鬥訟律：祖父母父母為人毆擊，子孫及毆擊之，非折傷勿論。鬥訟三十四祖父母為人毆擊條。疏稱「其有祖父母父母之尊長毆擊祖父母父母，止可解救，不得毆之」。此解釋之細密者也。

五、推原法意

律疏解釋刑名，往往推原法意，最足啟發。如職制律：乘驛馬輒枉道，一里杖一百。問曰：「假有人乘驛馬，枉道五里，過反覆往來，便經十里，如此犯者從何科斷」？答曰：「律云枉道，本慮馬勞，又恐行遲，於事稽廢，既有往來之里，亦計十里科論」。職制三十八乘驛馬枉道條。鬥訟律：告小事虛，而獄官因其告，檢得重事及事等者，若類其事則除其罪，離其事則依誣論。問曰：「告人私有弩，獄官因告，乃檢得甲。是類事以否」？答曰：「稱類者，謂其刑狀難辨，原情非誣。所以得除其罪。然弩之與甲，雖同禁兵，論其形樣，色類全別。事非疑似，元狀是誣。如此之流，不得為類。」鬥訟四十二告小事虛條。皆良例也。

六、不拘尼文字　唐律解釋，既皆推原法意，故可不拘尼於文字。如名例律：犯不孝流者不得減贖。名例十一應議請減條。問「居喪嫁娶，合徒三年。或恐喝或強，各合加至流罪。得入不孝流以否？」答曰：「恐喝及強，元非不孝，加至流坐，非是正刑。律責原情，據理不合。」仝上條疏。又賊盜律：劫囚者流三千里，傷人者絞，殺人者皆斬。問「父祖子孫，見被囚禁，而欲劫取，乃誤殺傷子孫，合何罪？」答曰：「據律劫囚者流，傷人者絞，殺人者斬。據此律意，本為殺傷傍人。若有誤殺傷被劫之囚，止得劫囚之坐。」賊盜十劫囚條。夫居喪嫁娶，本為不孝，名例六，十惡條，加至流罪而不為「不孝流」。明是殺傷人，而止科劫囚之罪，其瀟灑出塵之致，使人神往。

七、比附論罪　　唐律，出入罪可以輕重相明。名例五十斷罪無正條。故相等者皆依類堆斷。廄庫律：監臨主守以官奴婢畜產私自借。疏稱：「其車船碾磑邸店之類，有私自借，若借人及借之者，亦計庸賃，各與借奴婢畜產同。律雖無文，所犯相類。職制律：監臨之官借所監臨及牛馬陀騾驢，車船碾磑邸店，各計庸賃，以受所監臨財物論。理與借畜產不殊。故附此條，準例為坐。」廄庫十三，監主借官奴畜產條。雜律：監臨主守，於所監守內姦者，加姦罪一等。婦女以凡姦論，雜律二十八監主於監守內姦條。疏稱「女居父母喪，婦人居夫喪，及女冠尼姦者，並加姦罪二等，男子亦以凡姦論」也。仝上條。其比附之妙者，如鬥訟律：問「女君於妾，依禮無服，其有誣告，得減罪以否？」答曰：「律云，毆傷妻者，減凡人二等。若妻毆傷殺妾，與夫毆傷殺妻同。又條，誣告期親卑幼，減所誣罪二等。其妻雖非卑幼，義與期親卑幼同。夫若誣告妻，須減所誣罪二等。妻誣告妾，亦與夫誣告妻同。」鬥訟四十六告緦麻卑幼疏條。蓋先指出妻之於妾，等於夫之於妻，繼指出誣期親卑幼減所誣罪二等，三指出妻同期親卑幼，終遂斷妻誣妾，亦合減所誣罪二等。層層設比，無懈可擊也。

八、術語精密

唐律術語極精密，最足見法家頭腦，如廄庫律稱私「馱」「載」物，廄律四乘官畜私馱物條。蓋謂馱者畜馱，載者車載。又分私自「貸」及自私「借」官物，廄庫十七監主貸官物條及十八監主以官物借人條。蓋貸指消費，借措使用。擅興律釋間諜，稱「間謂往來，諜為覘候」，擅興九征討告賊消息條。論私放征防人，則「還」謂還家，「離」稱離鎮。擅興十二鎮所放征人還條。詐偽律稱「問案推」者，「無罪名謂之問，未有告言謂之案，已有告言謂之推。」詐偽七對制上書不以實條注。皆其佳例。又名例律：「指斥乘輿，情理切害。」舊律本作言理切害，今改為情名例六，十惡條疏。夫「情」者指斥之內容，「言」者指斥之方式。一字之差，出死入生，亦云尚矣。

九、文字美妙　唐律文字最美妙，蓋律文簡絜，注疏典雅。如鬥訟律疏釋過失，「謂耳目所不及，假有投甎瓦，及彈射，耳不聞人聲，目不見人出，而致殺傷。其思慮所不到者，謂本是幽僻之所，其處不應有人。投瓦及石，誤有殺傷。或共舉重物，而力所不制。或共升高險而足蹉跌，或因擊禽獸而誤殺傷人者，如此之類，皆為過失。」鬥訟三十八過失殺傷人條。斷獄律釋疑罪：「疑謂虛實之證等，是非之理均，或事涉疑似，傍無證見，或傍有聞證，事非疑似之類。」斷獄三十四疑罪條。衛禁律稱不覺及迷悟不出宮殿，謂「營造之所，院宇或別，不覺眾出。或迷誤失道，錯向別門，非故不出。」衛禁八宮殿作罷不出條。數語宛轉如畫。世稱拿破崙法典為文學絕作。法律文字，不必盡為惡劣，中西之例正同也。

十、迭出問答　唐律中問答，辨難析疑，最足益人神智。而其層出不窮，尤覺繽紛滿目。如名例三十七犯罪未發自首條解自首，問答不下四次。名例三十老小廢疾條解收贖，三十八犯罪共亡條解捕共亡除罪，賊盜十五造畜蠱毒條解蠱毒緣坐，問答皆由再而三。其答而又問之例，舉目皆是，無庸列舉。

十一、注疏與律有出入　律注及疏，有時定刑較律為輕重。如名例律，以贓致罪，頻犯者累科倍論。注稱「即監臨主司，因事受財，而同事共與，若一事頻受，及於監守頻盜者，累而不倍。」名例四十五，二罪從重條。鬥訟律：五品以上，毆傷議貴，加凡鬥傷二等，疏稱「五品以上，毆傷議貴，或毆不傷，亦各加凡鬥毆二等。」鬥訟十六，九品以上毆議貴條。又曰：誣告人各反坐。注謂反坐致罪，準前人入罪法致死，即前人未決者，聽減一等。而疏稱「若誣人反逆，雖復未決，引虛不合減罪。」鬥訟四十一誣告反坐條。皆較律為重者也。衛禁律：畜產唐突，守衛不備，入官門者杖一百。疏稱「若入殿門，律更無文，亦同宮門之坐。」衛禁十七車駕行衝隊條。然同律：闌入宮門徒二年，殿門徒二年半。仝律二闌入宮門條。則較律為輕矣。

十二、文字取變化

唐律文字，取變化而不取劃一。如廄庫律言官物私自貸，則稱「監臨主守」，廄庫十七監主貸官物條。言私自借則稱「監臨主守之官」。仝律十八監主以官物借人條。鬥訟律，或稱「毆本屬府主」，鬥訟十三毆府主縣令父母條。或稱「皇家袒免親而毆之」仝律十四皇家袒免以上親條。又設例或稱「假有」，或稱「設有」仝律十五流外官毆議貴條疏。斷獄律，或稱「婦人犯死罪，懷孕當決」，斷獄二十六婦人懷孕死罪條。或稱「婦人懷孕犯罪應拷」。仝律二十七拷決孕婦條。皆不一律。蓋所謂「隨文設語，更無別例」也。名例三十老小廢疾條疏。

十三、引用文字參差

律疏引用前後文，每從簡略，殊不似斷獄律「具引正文」之旨。斷獄十六斷罪引律令格式條。如名例五十五稱日者以百刻條疏稱：「斷獄律云：七品以上，犯罪不拷，皆據眾證定罪」云云，實則較本條斷獄六，八議請減老小條。大為減略。名例五十一稱乘輿車駕條書稱：「依衛禁律，車駕行衝隊者徒一年」，實即衛禁律之本文也。衛禁十七車駕行衝隊條。而律文及注與疏，又統稱為「律」，如名例十七以官當徒條疏：「問曰，律云，若去官未敘亦準此」，所稱律，實是律注。名律五十七稱道士女冠條疏：「賊盜律云，有所規求。而故殺期以下卑幼者絞」，所稱律乃律疏之文也，賊盜六謀殺期親尊長條疏。

十四、分卷無深意　唐律十二篇，先後次序，皆有取意，詳各律篇首疏。惟其各律分卷，則無所取。如卷九與卷十，卷十二與卷十三，卷二十一與二十二，卷二十三與二十四，義尚相屬，卷帙已分。殆純以篇幅為斷者也。

十五、間或陷於形式主義　戶婚律，許嫁女，已報婚書，而輒悔者杖六十。雖無許婚之書，但受娉財亦是。娉財無多少之限，酒食者非。戶婚二十六許嫁女報婚書條。疏稱「娉財無多少之限，即受一尺以上，並不得悔。酒食者非，為供設親賓，便是眾人同費，所送雖多，不同娉財之限」。實則供設親賓，許親之約已信，何異娉財？而酒食財娉之分如此，唐律亦有陷於形式主義矣。

十六、有兩處矛盾　唐律一部中，有兩處似近矛盾。職制律云，在禮及詩，妻同卑幼。職制三十匿父母夫喪條。鬥訟律亦稱妻義同於幼，鬥訟二十四毆傷妻妾條。及妻義與期親卑幼同。仝律四十六告緦麻卑幼條。而賊盜律乃稱「妻服雖是期親，不可同之卑幼」賊盜四十七略賣期親卑幼條。此其一也。賊盜律：奴婢部曲，法為主隱，其有私和不告，得罪並同子孫。賊盜十三祖父母夫為人所殺條。鬥訟律則云「奴婢部曲非親，不同子孫之例」鬥訟三十四祖父母為人毆擊條。此其二也。此與奴婢被強盜殺傷，偶同良人之例不同。賊盜三十四強盜條。似未可以，「當條見義，亦無一定之理」解之也。名例十八，十惡返逆緣坐條疏。

十七、近人批評　近人對唐律作批評者，董綏經曾舉其特色六點。一、化外人有犯，分同類異類，開國際適用先例。二、斷罪無正條，設舉重舉輕，示斷獄適用決事之方法。三、瀆職之罪，於監臨主守，特設重科。四、夫婦平等。五、於若干重條，人民負告密義務，為後世預防犯罪權輿。六、維持家庭團體。早稻田法學會誌第二號頁四七五至四八十。朱方在其中國法制史中，則稱道其目的主義，人格主義，感應主義，人道主義，及術語精密諸端。頁一五八至一六一。其統論中國法者，巴系佛爾特(J. W. Bashford) 列舉十大特點。一、每種犯罪者皆定有身體刑。二、科罰嚴厲，但執行時又可減宥。三、條理異常清晰，每一特別案情，可得確切判決。四、在本國區域內，有無上權力。五、司法管轄受地方自治政府限制。六、皇帝敕力，較地方規程為優越。七、缺少辯護規定。八、司法管轄特點，在訴訟程序的方法上。九、社會對犯罪須負責任。十、司法機關大弊，在司法權行政權為同一官吏所掌握(China pp. 274-283)。淺井虎夫謂要點有三。一、私法規定少而公法規定多。二、法典所規定者，未必即現行法。三、中國法多含道德分子。中國法典編纂研草史（陳重民註本）。王世杰則分為五點。一、道德與法律的界限，沒有十分畫清。二、法典範圍雖寬，而法律存諸習慣者仍眾。三、科比之制，相傳未變。四、律外多例，而例每效高於律。五、法典律文，未必皆為現行法。北京大學社會科學季刊三卷一號。薛祀光稱法律和道德非常接近，及刑罰非常繁重，為中國法系之兩種特徵。中國法系的特徵及其將來（見社會科學論叢一卷四號）。黃秉心於保持綱常外，特指出：一、法官責任，二、親屬容隱，三、自首制，四、犯罪細別，五、保辜制，為中國法律特色，中國刑法史，頁四一九至四二九。論清律者，愛丁堡評論(The Edinburgh Review)盛贊其規定近情理，條款簡潔，意義顯霍，文字平易(Vol. XVI, 1820 p.476)。論中國法系之將來者，韋格穆爾(J. H. Wigmore)謂「中國法制，雖經朝代之變動更迭，仍巍然存在於一精力旺健之四萬萬人國家中」(Panorama of the World Legal Systems vol. I, .201)併誌於此，以資參考。

（完）

中華社會科學叢書
唐律通論

作　　者／徐道鄰　著
主　　編／劉郁君
美術編輯／鍾　玟

出 版 者／中華書局
發 行 人／張敏君
副總經理／陳又齊
行銷經理／王新君
地　　址／11494 臺北市內湖區舊宗路二段181巷8號5樓
客服專線／02-8797-8396　　傳　　真／02-8797-8909
網　　址／www.chunghwabook.com.tw
匯款帳號／兆豐國際商業銀行　東內湖分行
　　　　　067-09-036932　中華書局股份有限公司

法律顧問／安侯法律事務所
製版印刷／維中科技有限公司　海瑞印刷品有限公司
出版日期／2017年7月臺三版
版本備註／據1966年3月臺二版復刻重製
定　　價／NTD 250

國家圖書館出版品預行編目（CIP）資料

唐律通論 / 徐道鄰著. --臺三版.--臺北市 : 中華書局, 2017.07
面 ; 公分. -- (中華社會科學叢書)
ISBN 978-986-94907-9-5(平裝)

1.中國法制史 2.唐代

508　　106008343

NO.F7003
ISBN 978-986-94907-9-5（平裝）